Usamos figuras

Mari Robles

Ariel Skelley/Blend Images/Getty Images

Yo uso las figuras.
Esa es una casa.

Yo uso las figuras.
Ese es un carro.

Yo uso las figuras.
Ese es el sol.

Glow Images/Getty Images

Fuse/Getty Images

Yo uso las figuras.
Esa es una maleta.

Jim Cummins/Taxi/Getty Images

Yo uso las figuras.
Esa es una pelota.

Yo uso las figuras.
Ese es un pote.

RFoxPhotography/Alamy

¿Y tú?
¿Tú usas las figuras?